푸른 시와 시인

양경모 시집

소리도 풍경이다

마을

빛나는 시정신을 꼼꼼하게 엮어내는 — 마음

- 2013 『문학시대』로 등단
- 한국문인협회, 문학의 집·서울, 강원여성문학인회, 관동문학회, 강릉여성문학인회, 명주문학인회 회원
- 제9회 백교문학상 수상
- 시집: 『열꽃의 홀씨가 되어』 『빛의 소리가 되어』 『소리도 풍경이다』
- e-mail: ky9535m@daum.net

소리도 풍경이다

양경모 시집

1판 1쇄 인쇄/ 2023년 11월 5일
1판 1쇄 발행/ 2023년 11월 10일

지은이 / 양경모
펴낸곳 / 도서출판 마음

등록‖ 1993년 5월 15일 제3001-1993-151호
주소 03073 서울 종로구 성균관로5길 39-16
전화‖ (02) 765-5663, 010-4265-5663

값 13,000 원

*잘못된 책은 바꿔 드립니다.

ISBN 978-89-8387-359-0　03810

*이 책은 강원도·강원문화재단의 후원으로 발간되었습니다.

푸른 시와 시인

소리도 풍경이다

양경모 시집

마을

시인의 말

귀뚜라미들이
가을 쓸어내는 소리가 깊습니다
아득한 고요 속에
시와 함께 보낸 세월이
십년이 되었습니다
나무들은 봄부터 빚던
시를 붉게 물들이며
다디달게 익혀가고 있는데
내 시는 아직도
덜 익은 풋과일입니다

가을 끝자락에서
양경모

· 시인의 말

1.

강 ― · 13

업(業) ― · 14

나는 파도를 앞질러 달려가고 있다 ― · 15

그대의 속내 ― · 16

뒷담화 ― · 17

연꽃이 빚은 그릇 ― · 18

소금 눈(目) ― · 19

이웃사촌 ― · 20

나의 거울 ― · 21

가야금산조 ― · 22

저녁노을이 고무신을 벗어 놓고 간다 ― · 23

창문의 가슴 ― · 24

2.

소리도 풍경이다 ― · 27
나이테는 일기다 ― · 28
감자꽃 ― · 30
열매는 임부(妊婦) ― · 32
잎잎들 ― · 33
백련 ― · 34
내 시의 오감(五感) ― · 35
봄문을 열면 ― · 36
벚꽃에서 자명종소리가 난다 ― · 37
우는 소리 ― · 38
욕심의 또 다른 이면 ― · 39
갯방풍 향기 ― · 40

3.

오보에 소리 —·43

반성문 —·44

회화나무가 하는 말 —·46

소금강 돌 이야기 —·47

상처를 벗다 —·48

기다림 —·50

상원사 동종 —·51

어머니 가슴에서 숯덩이가 쏟아지네 —·52

청호반새 소리 —·53

꽃잎아 —·54

시월나무 —·55

바다를 쏟아놓은 산수국 —·56

4.

아버지 말씀은 유물(遺物) — · 59

밤눈 — · 60

파도는 가슴이 푸르다 — · 61

연화담에서 — · 62

그대가 지나간 자리 — · 63

천일홍 — · 64

벚꽃의 분홍입술 — · 66

고단한 세월 — · 67

망초꽃 — · 68

그리움의 시력 — · 69

대나무 — · 70

열여섯 살 적의 꿈 — · 71

5.

달과 홍시 —·75
붓 —·76
만파식적(萬波息笛) —·77
청학동 소금강에서 —·78
약속의 소리 —·79
여름 숲은 소리우물이다 —·80
정동진 아침바다 —·81
고3의 방 —·82
깊어져야한다 —·83
고성 해파랑 끝자락 길 —·84
오래된 반닫이 —·85
진달래 —·86

1.

강

강은 깊을수록 가슴이 파랗다
나는 얼마나 더 깊어져야
저 강물처럼 일렁일 수 있을까
세상을 읽어 낼 나이가 되었어도
가슴이 파랗게 물들지 못한 것은
아직도 흘려보낼 게 많기 때문이다.

업(業)

이 빠진 뭇별이 쏟아지면
빈 솥 긁어대는 소쩍새울음으로
저녁 어스름을 씻어 안친
노랗게 허기진 꽃들
폭 익힌 향기를 고봉으로 퍼 나르고 있었다

사나흘 지상에 머물고 있으면서도
업(業)을 깨끗하게 닦고 있는
이름 없는 저 꽃에게
내가 할 수 있는 일은
고작 물밥 한 그릇 퍼 주는 것뿐이다.

나는 파도를 앞질러 달려가고 있다

이곳, 모래밭으로 오면
목숨을 내려놓을 뿐인데
어찌 저렇게 파도는 서둘러 달려오고 있을까
작달비 내리는 어둠 속에서도
숨 가쁘게 달려오고 있다
그곳으로 가면
속절없이 목숨을 내려놓는다는 것을 알면서도
잠시 한발 뒤로 물러설 줄 모르고
나는 사람들과 함께 파도를 앞질러 달려가고 있다.

그대의 속내

건반도 없이 피아노 소리로 흐르는
소금강 물가에 앉았다
낮은 음표로 내리는
물소리의 속살을
가만 가만 들여다본다
폭 익은 햇과일 맛이 나는
가을 풍경 속에서
제 스스로 몸을 다듬는 몽돌소리가
자갈 자갈 강으로 고여 있다
내게 상처를 주지 않으려는
그대의 뜻깊은 속내였다.

뒷담화

빗소리가 바람과 소곤거린다
손에 쥔 모래처럼
아무 생각없이
입안에서
흘러버리는 이야기일지라도
닫힌 걸쇠를 열고
걸어 들어 온다
말은 발이 있다.

연꽃이 빚은 그릇

향기를 몸 밖으로 꺼내 놓는 것은
내면의 은유이다
연꽃들이 향기로운 그릇을
빚어내고 있다
물밑에서 빚은 향기를
전각(篆刻)으로 새겨 놓고 있는 꽃잎에는
빛과 어둠이 지그시 눈을 감고
해종일 가부좌를 틀고 앉아 있다
내 안에서도 저렇게 향기로운
그릇을 빚어내고 있을까.

소금 눈(目)

무슨 생각을 하면
하루종일 꽃만 피울까
4월 눈 달린 목백일홍
나무속이 궁금하다
낮잠을 훌훌 벗어 접어놓고
심심경(經) 그의 속을
비집고 들어 간다
나무는, 멀리 바라볼 수 있는
눈이 열려 있는 새소리를 읽으며
우리가 걸어가는 길에
까만 밤을 지우느라고
눈 휑한 낮달을 읽고 있었다
연둣빛 빗소리가 무릎까지 잠긴 봄날
꽃을 피우기 위해
목백일홍 나무는 꽃보다
눈을 먼저 틔우고 있다.

이웃사촌

쓸쓸함이 우체통으로 서 있는 빈집에
혼자 있어도 혼자가 아니다
바람이 시도 때도 없이
덜 볶은 커피 향기 같은
두벌잠을 흔들어 깨우며
정분난 수다를 엎질러지도록
담아놓고 간다

침침한 저녁이 강으로 흐르는 적막 속에
소쩍새 소리가 간간이 다녀가고
누군가 두고 간 어둠을 건너온 별은
하루에 한번 씩은 어김없이
안부를 묻고 간다.

나의 거울

햇살이 빨랫줄에 걸려있네
수많은 날 강물을 접었다 펼친
헌 수건을 말리고 있네
마음이 젖으면 언제든 달려오는 햇살
제 아무리 뜨거운 한여름일지라도
젖은 나를 위해서라면
한 치의 망설임없이
기꺼이 슬픔을 모두 말려주고 가네
얼굴 한 번 본 적이 없는데
누구에게나 소리 없이 다가오는
햇살이 다정하게 번지네
그 뭉클한 냄새가 몸에
스며들 때까지 얼굴을 닦았네
온몸이 올올이 풀어지는 줄도 모르고
거울을 닦고 또 닦네.

가야금산조

오동나무 속살을 헤집고 나온
가야금 소리는 연보랏빛이다
떨리는 손으로 현을 뜯으면
일제히 날아오르는 산조 가락들
품속에다 몰래 가두어 놓고
초여름 길섶에 오동나무로 서 있는
기다림도 연보랏빛이다.

저녁노을이 고무신을 벗어 놓고 간다

내려놓을 곳을 찾지 못하고
밤새도록 허둥대던 내 발자국이
무릎이 다 닳은 댓돌 위에
어둠을 벗어 놓았다

적막이 쌓여있는 내 안을
꽃밭으로 가꾸어 주던 꽃잎들이
벗어 놓은 향기의 흔적은
어디에다 내려놓아야 할까

멀리서 바라보아야 제 모습을 보여주는
산자락에 걸린 저녁노을
바닥이 다 닳은 어머니 고무신을
내 발자국 곁에 벗어 놓고 간다.

창문의 가슴

푸르게 삭발한 독경소리가
붙박이로 달려있는 해우소 창문에
망치소리 하나 없이
별을 박는 하늘과
오대산 비로봉이 걸려있다
적멸보궁 같은 달은
하루도 빠짐없이
강을 건너와 앉아있다
내 창문에다
세상을 들어앉히지 못하는 이유는
아직 속내를 닦아놓지 못했기 때문이다.

2.

소리도 풍경이다

문밖을 나서면 산도 풍경이지만
유월 숲을 흔드는 풀매미 소리도 풍경이다

꺼내는 말마디마다 비단 자락으로 펄럭이는
버드나무가 서 있는 풍경 밖에서
소리 없이 어깨를 내주며
일어서는 풀잎들도 풍경이지만
풍경 안을 골똘히 들여다보며
눈빛을 닦는 물소리도 풍경이다

창문을 열면 바다도 풍경이지만
세월을 밀고 가는 시계 소리도 풍경이다.

나이테는 일기다

봄 읽는 소리가 소복이 흰 꽃으로
피어나던 백목련이 베어졌다
톱날에서 밀려나온 붓 닮은 꽃봉오리가
흩어진 나무 몸에서 먹 냄새가 났다
절대로 속내를 보여주지 않던
나무가 펼쳐준 나이테에
파도이랑을 쟁기질하는 소리가 적혀 있고
문밖을 나서는 아버지 헛기침소리가 적혀 있다
걸어온 길이 쉽지만은 않은 듯
톱밥처럼 잘게 썰린 한 여름날을
뒤적거리며 이어 붙여 보아도
비를 피해 처마 끝에 서 있는
발자국이 옹이로 박혀 있다
눈 감을 때까지 붓을 놓지 않고

뜰 안에 날아든 새소리도 새겼을 백목련
그의 생애가 고스란히 적혀있는 나이테는
가슴을 비워야 읽을 수 있는 일기다.

감자꽃
- 감자를 썩히며

호미 끝에 찍혀 병든 하지 감자가
물속에 고요히 스며들어
허물을 썩히느라고 잠들지 못하고 있다
세상을 어둠으로 바라보다가
싹이 난 눈빛을 여러 날의 여름으로
켜켜이 가라앉혀 씻으며
미처 다스리지 못한 속물을
골 깊은 가람을 다녀온 햇살로
하얗게 태우고 있다
티 없이 말려도 가시지 않는
몸 안에 남아있는 허물냄새를
수 백 번 뒤적거리며
무색무취 흰 꽃으로 피어 난 감자꽃
나를 내려놓고서야 비로소 열반에 들었다

울 밖 불두화가 조등으로 걸린 저녁
눈꽃 같은 분이 되어 돌아온
아버지 유골함 앞에
불경소리가 먼저 와 조문을 하고 있었다.

열매는 임부(妊婦)

가을 숲에 들면
발자국소리를 다스릴 줄 알아야 해요

조심스레 떨어진 여문 도토리 속에
굴참나무 한 그루 자라고 있어요

마른 길섶에 숨어든 여린 몸 안에는
기원이 크고 있어요.

잎잎들

쓸쓸함이 빈집에 내려와 앉아 있다

꽃잎을 게워내며
입덧을 하던 나무에서
출생신고서 같은 잎들이 발을 내밀고 있다

가만히 들여다보면
여리디 여린 숨소리가 보이는 잎잎들은
아이울음소리가 끊긴 마을에다
말랑거리는 옹알이를 꺼내며
생년월일을 적느라고 분주하다

다탁에 혼자 앉아 있던 까치놀
따뜻한 웃음 한 모금씩을 넘기며
낙인을 찍어 놓고 간다.

백련

하지가 연잎을 푸르게 마름질을 하면
하얀거에 든 뿌리는 서둘러 바느질을 한다

파란물이 주루룩 흘러 내릴 듯한
비 개인 하늘을 열두 폭 끊어다가
연지에 팽팽히 당겨 놓고
씨줄날줄로 내리는 가랑비를
촘촘히 섞어 옷을 깁는다

솔기 한번 꺾어 호고
다시 접어 곱솔로 말아 박은
모시 저고리로 펄럭이는
한여름 정수리에 피어난 백련
하얀거에 든 뿌리가
물속에서 빚어놓은 경전이다.

내 시의 오감(五感)
- 내 시는

어둠을 뒤적이느라고
손톱 끝이 다 닳은 새벽 초승달이다

나무를 흔들면 와르르 쏟아지는
풀 매미 울음 속에서
이 빠진 늦 옥수수 여물어 가는 소리다

세모시처럼 올 가는 비를 섞어
밤이 새도록 촘촘히 짜 놓아도
성근 가마니 한짝이다

푼내 나는 구월하순, 뒤란에 떨어진
바람이 한입 먹다 놓고 간 떫은 감맛이다

마른 풀대처럼 서 있는 쓰다 만 내 시는
밥을 짓다가 까맣게 태운 연기냄새다.

봄문을 열면

봄문을 열어놓은 나무에
아무런 이유없이 향기를 퍼주는
연분홍 꽃이 온몸에 피어 있고
눈 속에는 잎이 자라고 있다
푸르게 움을 틔운다는 건
밖으로 드러내지 않는 마음이 깊다는 거다
나무에서 초록 봄 바다 냄새가 일렁인다
어느새 산 그림자
강가에 내려와 몸을 씻는 봄 저녁
온 산에 나무는 입안까지도
꽃을 피우고 있는데
나는 아직도 문을 걸어 잠그고 있다.

벚꽃에서 자명종소리가 난다

꽃잎들이 잠에서 깨어나고 있다

단단히 감겨 있던 태엽을
한순간 풀어 놓은 벚꽃에서
연분홍소리가 분수처럼 쏟아지고 있다

별을 씻는 개구리소리 같은
초록 봄을 경포호수에 일제히 풀어 놓고
누가 꽃잎머리맡에다
자명종을 걸어 놓고 돌아 간다.

우는 소리

강이 우는 소리는
아무도 모르게 혼자서 핀
아픈 쑥부쟁이 빛깔이다

꽃잎이 떨어질 때까지
문밖에서 달을 기다리며
서성이는 그리움의 색깔은
달맞이꽃 흐느끼는 소리다

겨울나무가 글썽이는 소리는
상념의 색깔이지만
내 시가 우는 소리는
어머니의 남은여생의 빛깔이다.

욕심의 또 다른 이면

가을이면
갈대는 고요 속에 서서
서둘러 빗자루를 엮고 있다
어지러운 세상 속을 밟고 오다가
나도 모르게 스며 든
욕심을 쓸어 내고 있다
풍금소리로 번지는 노을 속에서
온몸이 흔들리도록 비질을 하고 있다
뼈마디가 사위어 질 때까지
갈대가 쓸어버린 사리(私利)가
낱낱이 흩어져 날아다니다가
발끝에서 바스러진다
갈대숲에 들어서면 내 몸 안에서도
빗자루를 엮는 욕심이 자라고 있다.

갯방풍 향기

누가 놓고 갔을까
모래밭에 봄 한포기
다소곳한 몸짓에
꺼내는 말마다 향기롭다
유월이 문을 열어놓은 바닷가에
여러 날 밤 달빛이 빚은
갯방풍 향기로
파도가 허기를 채우고 있다.

3.

오보에 소리

가을 속 뜰에 내려앉은 오보에소리는

물속에 담기면 온몸에서
연둣빛 음색이 흘러나오는 세작(細雀)이다

되새김질 할수록
입 안 가득 꽃향기가 번져오는
갓 쪄 놓은 연밥이다

흠집 하나 없이 노을을 떼어다가
온몸에 휘감고 있는 능소화의 빛깔이다

한여름 밤, 길쓸별도 다녀가는
미술관에 걸려있는 한 점 명화다.

반성문

느린 햇살을 비스듬히
앉혀놓고 옷을 꺼낸다
꽃잎 떨어진 민소매 원피스에서
겨드랑이 올올이 해진
추억이 펄럭인다

배추 잎을 떼어내듯
겹겹 쌓여있는 세월을
한 닢씩 벗어놓은 스무 살은
속내를 향기롭게 가꾸는
들꽃 속에다 옷을 벗어놓았지만
거울을 들여다보지도 않고
겉모습만 치장하는
부질없는 허울 속에다
옷을 벗어 놓은 나는

보풀이 하얗게 일은
오월 울타리 끝자락에
장미로 피어 있다
무늬만 화려한 꽃이다.

회화나무가 하는 말

생각의 뿌리가 순한 회화나무의 잎들은
곱디고운 명주 치맛자락으로 펄럭이다가
파란만장한 바람이 불어올 때마다
부드러운 질감으로 말마디를 빚어내고 있다
봄빛이 탁본으로 찍혀있는 회화나무의 말마디에
새떼들이 날아와 굽은 부리를 닦으며
날 선 목소리를 곱게 다듬고 있지만,

보리이삭처럼 까슬한 말만 쏟아내던 내 곁엔
입 다물고 있던 가을이 침묵만 꿰매고 있다.

소금강 돌 이야기

내가 이렇게 둥글게
다듬어지기까지는 혼자가 아니다

새소리에 발을 담그고
사서삼경을 읽어주는 바람소리

봄비로 생각을 씻은 물푸레나무가
먹을 진하게 갈아주는 소리

바늘땀 하나 없이 달빛을 꿰매는 밤 숲에서
손을 깨끗하게 씻고 있는 물소리

가슴이 이렇게 둥글어지기까지는
그대들이 곁에 서 있었음을 알았다.

상처를 벗다
- 사북목로에서

개밥바라기 별과 마주 앉았다

아픈 흔적들이 겹겹 묻혀있는
사북막장의 푸른 시간을
한덩이 꺼내 놓는다

맵디매운 곡괭이 소리를 뒤적거리며
밤이 폐석더미로 쌓여있는 목로에 앉아
곰삭힐수록 질긴 맛이 나는
아픔을 노릇노릇하게 굽는다

새까맣게 탄 이야기를
버리지 못한 내 등 뒤에서는
만지면 베일 듯한 처서 지난
매미울음소리만이 서 있었다

겨울 숲을 건너온 별은
어둠을 겹겹 누벼 입은 나에게
한컬레 신발을 벗어 주었다

푸른 상처를 내려놓고 돌아오는 길
몸살을 앓고 있던 기억은 기침을 멎었다.

기다림

가을은 언제 오려나
한음 낮춘 풀벌레 소리 한 소절 뭉텅 잘라다
허물 속에 달아 놓느라고 못 오시나
처서만 지나면
눈을 감고 보아야만 볼 수 있는 그믐달
그 달이
기다림을 묻어 두었던 원두막에서
별편지를 읽어 준다고 했는데
가을은 아직도 그 어디쯤에서
신발 끈을 고쳐 매고 계시나.

상원사 동종

삼계(三界)에 들었던
상원사 동종을 울리면
소리가 봄 바다 빛깔로
물이 들 것이다

저 소리를 깊게 듣지 못하는 것은
귀가 어두워서가 아니라
닦아 놓지 않았기 때문이다

소리 내어 법문을 읽고 있던
바람소리로 눈을 닦아놓고
숲을 이루는 전나무들은
저 소리가 보일까.

어머니 가슴에서 숯덩이가 쏟아지네

나도 한때,
꽃잎을 짓이겨 빚은 몸이었네
비 개인 늦여름 끝자락 갓 따놓은 풋풋한 사과였네
맨드라미 꽃무더기 피어있는 열여섯 살 밤길에다
속도 익지 않은 나를 통째로 내려놓고 말았네
첫 꽃이 부끄러운 진홍으로 피었었네
종가 며느리로 곳간을 비워둘 수가 없었네
만삭의 생애에도 헛꽃만 여덟을 낳고 말았네
속이 지새운 밤들보다 더 까맣게 타고 있었네
기억을 파랗게 꺼내는 어머니 가슴에서
새까만 숯덩이가 끝없이 쏟아지고 있네.

청호반새 소리

초저녁 노을을 물고 있다가
입술까지 붉게 물이
들어 버린 청호반새가
소리를 굴리고 있다
속살까지 맑은 소리는
쓰다만 크레파스처럼
단단하게 굳어버린 그리움을
꾹 짜 풀어놓은 연둣빛 단풍잎이
돋은 나무 아래에서
시 한 절 넌지시 읊어주던
그늘 없는 그대의 목소리다.

꽃잎아

네가 시들면
물이 되어 줄게

온몸이 흠뻑 젖는다 해도
너를 위해서라면
기꺼이 물이 되어
늙어 마른 네 그루터기에
우물이 되어 줄게

늦가을 비가 내리면
한 순간도 아낌없이
뒤돌아보지 않고
맑은 하늘 한 닢 떼어다가
네 가슴에 달아줄게.

시월나무
- 나 또 가을 타나봐

나 오늘은
소설비(小雪雨) 내리는 처마 끝에
마른 옥수수로 매달린 쓸쓸을 떼어내고
그대에게 온전히 물들고 싶네

연노랑 모시저고리 홑 깨끼 바느질하는
속눈썹 짙은 달이 뜨면
우울을 가을의 목덜미에 두르고
달착지근한 그리움 꾹 짜 풀어 놓은
단풍잎으로 물들고 싶네

철 지난 민박집 여닫이 같은 나이를 벗어놓고
더도 덜도 말고 오늘 딱 하루만
시월나무에 매달려 여자가 되고 싶네

나 또 가을 타나봐.

바다를 쏟아놓은 산수국

기억이 피었다

바람을 자르는
엿장수 가위질 소리에
한눈을 팔다
엄마 치마꼬리를 놓치고
시골오일 장터 난전에
엎드려 울던 나의 울먹임은
바다빛깔이다

머리숱 짙은 봄,
예닐곱 단을 길게 묶어 놓고
산새울음 소리를 기르는 산수국은
사월이 열리면
바다를 쏟아놓고 있다.

4.

아버지 말씀은 유물(遺物)

생각이 깊어야 온전한
나무의 속내를 읽을 수 있다는
아버지 말씀을 그때는 몰랐습니다

부드러운 나뭇잎이라도
물고기의 습성을 지니고 있어
시도때도 없이 꼬리를 흔든다는 것을
빗살무늬 가시가 있다는 것을
때늦은 가을에 알았습니다

잎이 푸른 동백나무가 꽃이 붉다는 것을
이제는 보입니다

나무의 모습을 보려면
멀리서 바라보아야 한다는 아버지 말씀은
벽장에 고이 놓아 둔 귀한 유물입니다.

밤눈

눈썹달을 허리에 질끈 동여매고
신윤복의 '월하정인' 화폭에서 걸어 나온
여인이 비단 쓰개치마 벗는 소리

붓질소리 하나 없이
누가 어둠을 색칠해 놓은 저녁에
물속으로 가라앉은 파란 하늘을 퍼다가
자작나무 몸 씻는 소리

가슴을 열면
쨍그랑 소리가 날 듯한
네 안의 맑음으로
겨울 햇살 뛰어드는 소리

긴 잠에서 깨어난 초가을 빗소리가
나뭇잎 갉아먹는 소리.

파도는 가슴이 푸르다

오로지 외길만 걷던 파도가
바닷가에다 생을 내려 놓았다

그가 혼자 집으로 돌아가는 쓸쓸한 길에
모차르트 피아노 협주곡 한 소절을
길게 잘라 풀어놓았지만
소리 하나 넣을 주머니가 없었다

모다깃비 내리는 어둠 속에서도
빈 하늘만 탁본해 나르느라고
온몸을 뒤척이던 파도는
죽어서도 가슴이 푸르다.

연화담에서

어느 하나도 모나지 않은
몽돌만 가득한 물빛에다
눈을 맑게 씻었다
물밑에 고여 있는 망치소리가 보인다
절벽에 매달려
나를 폭포로 다듬던 그의 속내에
사리가 가득했다
돌 안에서 모셔온 부처가 앉아 있다
연꽃이 지는 길목에서
낮달은 나보다 먼저 달려와
합장을 하고 서 있다.

그대가 지나간 자리

간밤에 비가 지나갔다
온 세상 구석구석 풍경이 깨끗하다
풀잎 위에 이슬처럼
생각 안이 맑은
그대가 다녀 간 자리이다
돌아보면
내가 머문 자리에는
비가 오기만을 기다리는
우산뿐이었다.

천일홍

내가 떠나면
소금 한 됫박 뿌려주세요
죽어서도 향기로웠다는
그리움이 썩지 않게

바람처럼 왔다가는 길에
바늘 한 쌈 싸매 주세요
아름다웠던 인연을 한 땀 한 땀
이어붙일 수 있게

왼종일 바다만 안고 있는
슬픔을 잘라내게
가위도 놓아 주세요

내가 먼저 떠나면
연장은 뒷간에 걸어 놓고 갈게요
첩의 입술 같은
영산홍빛 웃음 한 채 지을 테니까.

벚꽃의 분홍입술

나는 가슴이 없었다
뼈마디마디 녹슨 숟가락 부딪히는 소리가
고여 있는 바람의 벽에서
식솔들의 끼니를 끓여주던
낡고 찌그러진 냄비를 내다 버렸다
하루에도 몇 번씩
생의 불구덩이 속으로 뛰어들었다가
속수무책 제 모습을 무너뜨린 냄비를
버리고 돌아오는 뒷덜미에다
너는 늙지 않느냐고
바람이 지나가며 소리를 지른다
나도 언젠가는 어머니처럼
등 떠밀려 걸어가게 될 양로원 길섶에
벚꽃은 분홍입술을 깨물고 있다.

고단한 세월

잎을 모두 내려놓은 나뭇가지에
빗줄기가 간신히 매달려 있다
팔이 아파 보인다

밀린 대출금이자에 매달리고
아내 잔소리 같은 이력서에 매달리고
남자의 무게에 매달려 있는
이순 팔도 저렇게 아플까

바람이 불면 떨어질
우듬지 끝자락에 빗줄기는
남자의 고단한 세월이다.

망초꽃

나는 살아가는 순리를
망초꽃에게 배운다
눈길 한번 가지 않는 묵정밭에
꽃은 오히려 사랑이 흔하다
잎이 시들 때까지
오가는 이 없는 길에
줄곧 서서 꽃을 피운다
햇살 없는 뒤란에도
흔하게 사랑을 뿌리 깊게 내린 꽃
흰 눈 쌓인 절 마당을 서성이는
선승의 무늬 없는 발자국들이다.

그리움의 시력

봄눈이 내렸다
달이 보이지 않았다
까마득하게 잃어버렸던
스무 살 적 눈썹달을 꺼내려고
봄눈을 쓸었다
별 하나가 보이지 않았다

눈을 감았다
잠들지 못한 무채색 적막 안으로
눈썹달이 걸어오고 있었다
봄눈을 쓸어도 보이지 않던 달이
눈을 감아야 보이는 것은
그리움의 시력이다.

대나무

바람이 인다
제 아무리 흔들어도 나무는 꺾이지 않는다
외려 바람의 속내를 뒤적이며
저녁이면 어김없이 오는 달을 집어다가
바람이 오는 길목에 서서
암흑의 길을 지우고 있다
언제나 그 자리에 서 있다는 건
문이 열려 있다는 거
빗장이 채워지지 않는 나무에
새벽이면 예배당 종소리 같은
이슬이 매달려 있다

제 아무리 흔들어도
넘어지지 않는 나무는
바람에 시달리는 겨울에
비움의 뿌리를 더 깊게 묻는다.

열여섯 살 적의 꿈
- 분홍 카네이션 한 송이

꽃이 되고 싶었다
분홍 꽃이 되고 싶었다
한 송이의 분홍 카네이션이 된다면
일 년에 한번은
스승님의 따뜻한 가슴에
진종일 꽃물을 들이고 있을 테니까.

5.

달과 홍시

책 읽는 소리에 창문을 열었다
어둠을 베어 낸 나무가
달빛을 펴 들고 시를 읽고 있었다
붉게 둥글어지는 법을 연습하고 있었다
푸른 가락으로 떨어지는 풋감소리를 치대어
달빛을 익혀오던 나무는
땅거미 가뭇가뭇 기어 나오는
가을 저녁 속에다 달을 꺼내 놓았다
나무의 가슴에서 보름달 살 붙는 소리가 들렸다
나도 둥글어지면 내 안에 달이 뜰까.

붓

화선지에 감아두었던 꽃을 펼친다

내가 그림을 그리기 시작하면
파랗게 날선 바람 속에서도
머뭇거림없이 맨살의 나무로 서 있는 여자

약지 손톱 끝에서 피어 오른
반달만한 상처를 싸매고만 있어도
수 만근 울음을 쏟아내며
산으로 서 있는 여자

여든한 송이 꽃등을 켜 놓고
나의 봄을 기다리는
구구소한도 마지막 꽃잎, 매화를 위해
남은 생을 소멸하기로 했다.

만파식적(萬波息笛)

대나무에서 걸어 나온 피리소리가 맑다
우물로 일렁이는 피리소리를 퍼다
귀를 씻고 세상 얼룩을 헹궈낸다면
온 세상이 빛으로 눈부시겠지만
빚어내는 말마다 꽃으로 피고
빛으로 고이는 그가 보고 싶다
소리 마디마디에 문을 내어
그의 속을 온전히 들여다보고 싶어서이다.

청학동 소금강에서

청학동의 산문을 열었다
자작나무가 물가로 내려와
몸을 깨끗하게 씻고 있다
뒤따라온 산자락도
가을이 벗어놓고 간 소리 헹궈내려고
입안을 가시고 있다
나를 내려놓은 시간 속의 봄은
풍경들이 입을 옷을 깁느라고
온통 손마디가 파랗다
나는 언제쯤 겨울옷을 벗어던지고
산수유빛 옷으로 갈아입을까.

약속의 소리

꽃들은 자신이 태어난 절기을 읽는다
때 되면 어김없이 핀다
지문이 다 닳은 신발을 벗어놓고
만다라를 펼쳐 놓은
나의 화단에 작약도
겹 분홍 소리를 흔들어 대고 있다
한 번의 약속을 어기지 않고
그 자리 그대로 그 시간에 꽃을 피우는
나의 정원에 작약은 고장 없는 시계다.

여름 숲은 소리우물이다

대나무 숲을 디디고 오던 바람 소리가
해질녘 거미줄에 걸려있다

올곧게 매무새를 다듬은 바람은
어느새 해금소리를 득음하였는지
밤새도록 병창을 하고 있다

푸른 소리에 온몸을 담그고 있던
매미소리는 동편제를 완창 하려는지
늦도록 울고 있다

소리가 봇물로 흘러넘치는
여름 숲은 소리우물이다.

정동진 아침바다

정동진 아침바다는
온통 영산홍 꽃밭이다
어둠이 가라앉은 햇살로
머리를 감고 있는
생각이 푸른 파도소리도
달 숲을 건너오느라
밤새도록 잠을 못 이룬
바람의 발자국소리도
영산홍 꽃물이 들어 있다
정동진 아침바다는
가슴이 있는 사람들이 가꾸는
영산홍 꽃밭이다.

고3의 방

아이의 방에서
책장 뒤적이는 소리가 흘러나오면
밤새는 비명을 접어놓고 있다
고요가 문패로 걸려 있는 집에
잠들지 않는 별의 속내를 모두 헤아려 보려는지
아이의 방에서는
알람소리가 동그랗게 떨어지는 새벽까지
먹 가는 소리가 마당 가득 고여 들고 있지만
나는 문밖에 엎드려 연신 잔소리만 쓸고 있다.

깊어져야한다

버려야 할 때가 되면
붉게 물들이기로 해요

가지마다 새겨 놓은 푸르렀던 시절을
품어 안고 있으면서도 절대로 흔들림없이
온전한 집 한 채를 짓고 있는 단풍잎처럼

비움으로 간다는 것은 또 다른 색깔로
내면을 채워 간다는 일

내게 주어진 생의 끝자락이
어디쯤일지 모르지만 남은 길에
한 그루의 단풍나무가 되어
비움에 나를 붉게 물들이기로 해요.

고성 해파랑 끝자락 길

온전했던 허리가 툭 잘린 지
일흔 살이 넘었다
적색 신호등 불빛 속에
타들어 가는 길
무릎이 다 닳은 세월을
겨우 이어가며
저녁 수저를 내려놓고 있다
언제쯤 저 해파랑 끝자락 길에
녹색 신호등이 켜질까.

오래된 반닫이

오랜 인연이 달빛이 비질해놓은 고샅길에
먹감나무로 서 있었을 반닫이를 물려주었다

모시 올보다도 더 가는 소리로
꽃문살을 여는 들꽃의 매무새가 묻어있는
먹감나무에는 마른시간의 뼈만 남아 있는
풀잎들을 닦아주던 비발자국소리가 찍혀 있고

골 깊은 산을 넘어 오다가
온몸에 달라붙은 서슬을 떼어내기 위해
무색의 물을 닦는 새소리가
모서리 닳은 가을 갈피에 새겨져 있다

시작과 끝이 어디인지 알 수 없는
적막의 길을 지우는 별도 옹이로 박혀 있는
먹감나무의 여정이 그대로 감겨있는 반닫이는
내가 걸어가야 할 길을 일러주는 서책이다.

진달래

저녁노을이 온통 진달래 꽃밭이다
내 시는 언제쯤 김소월의 진달래로 필까.